Emprendedor Holístico

Integrando las leyes del Kybalion en el mundo empresarial

JOSÉ-NICANOR PINILLA
BARCELONA

DEDICATORIA

A todos los emprendedores con alma, los que persiguen su propósito de vida y su mejor versión como ser humano. A todos los que intentan cambiar el mundo desde lo "no establecido", desde dentro , sin esperar nada, solamente por dar rienda suelta a sus ideas que seguro solucionarán muchos problemas en la sociedad.

Contenido

AGRADECIMIENTOS

A los primeros emprendedores con los que aprendí, Nicanor y Olga, mis padres. A mis hijos, Joel y Noah, de los que aprendo todos los días, son mis grandes maestros. Y como no, a mi compañera de viaje, mi maestra y hada, Miriam, mi mujer.

Introducción

Parece estar claro que la forma de alcanzar la excelencia en una organización parte de las creencias del ser humano, de su conocimiento y experiencias anteriores, de la cultura corporativa establecida, por lo tanto, el equipo humano de una empresa debe tener, como primer paso, integrado en sus creencias, como motor de evolución personal y organizacional, la excelencia 360 grados, una visión y consciencia global, para actuar desde la individualidad hacia el beneficio colectivo.

El concepto *holístico de la Calidad Total* hace referencia a que la cultura de una empresa transmite a toda la organización una visión de mejora continua como camino de aprendizaje que lleva a la satisfacción de cada individuo de la organización y a los usuarios en el mercado, así como la retroalimentación del grupo en la organización.

Por lo tanto, establecer un procedimiento de mejora continua, como algo integrado en el individuo y colectivamente en la organización, lleva a tener una *visión holística de excelencia* en todos los aspectos. En realidad, es una actitud que se convierte en cultura integrada en la organización.

En el enfoque holístico de la calidad se deben tener en cuenta los aspectos individuales y el todo, al mismo tiempo, esa es la grandeza del modelo holístico. La única manera de alcanzar la excelencia total en una Organización es que la suma de las individualidades (1+1) sea mayor que 2. Esto, no es entendible desde un enfoque lógico y cartesiano, como se puede comprobar, debemos lidiar con las sutilezas subjetivas del ser humano, que es justamente lo que da valor y potencial de distinción a una organización.

Tanto si se trata de una nueva empresa, como de una compañía en activo que decide poner rumbo hacia un modelo de gestión más responsable y sostenible, los directivos deben saber que el Capitalismo Consciente no supone una ruptura con el concepto de capitalismo. Como dijo Malcolm Forbes, *"los negocios surgieron para producir felicidad, no para acumular millones"*

Para ello, tal como se decía al principio, todo parte de unas pautas de pensamiento que se deben aprender. Estas pautas de pensamiento deben procedimentarse a través de unas técnicas. Estas técnicas y procedimientos generan unos hábitos individuales y de toda la organización que generan una determinada cultura empresarial, convertida en una realidad en el mercado.

Todo ello trasciende al mercado y, si se ha aplicado con eficiencia este *"enfoque holístico"* la fuerza de este nivel de excelencia en la calidad de una organización se convierte en un "tsunami" por la trascendencia que puede llegar a tener.

La perfección es algo difícil de alcanzar en la vida y todos lo solemos aceptar. Sin embargo, a nivel empresarial es posible alcanzarla o acercarnos a ella con fuerza siguiendo una serie de parámetros regidos bajo el nombre de excelencia empresarial. La excelencia empresarial es la suma de unas actuaciones sobresalientes en la administración de una empresa para conseguir los resultados esperados. A través de la holística podemos potenciar cada una de estas interacciones y harán un conjunto más poderoso y sostenible.

La holística supone que las propiedades de un sistema no pueden ser determinadas o explicadas como la suma de sus componentes. En otras palabras, el holístico considera que el sistema completo se comporta de un modo distinto que la suma de sus partes. Aunque, si alcanzamos un nivel de sincronía en todas las interacciones de todas las actividades en el desempeño de la calidad en la empresa, llegaríamos a conseguir un "ente" que gira en una perfecta armonía.

En realidad, es un nuevo paradigma de Emprendimiento, tanto de un trabajador sobre sí mismo, como de la cúpula directiva de una organización, como un emprendedor que crea su micronegocio. Es una nueva forma de pensar (aunque siempre ha existido, pero el mercado no facilita este modelo), de dirigir, de motivarse, no es solamente un conjunto de técnicas y procedimientos.

Es generar una *organización horizontal*, orientada al cliente, focalizada en el aspecto humano de los integrantes de la cadena de valor de un sistema económico y social. Esta aproximación tiene la virtud de incidir en el principal valor de la gestión de la calidad: los principios que propugna, como el enfoque sistémico de la organización, considerando la interacción entre todas las actividades y personas de la empresa.

En definitiva, no se trata solamente de técnicas y procedimientos, se trata fundamentalmente de nuevas pautas de pensamiento, cambio de paradigma de cómo entender el "*mapa conceptual*" de una organización. Esto llevaría a una estructura perfectamente integrada con procedimientos que alcanzará el éxito en la excelencia y gestión de la calidad, porque ya es en sí misma una organización de calidad, ya es "excelente" en la naturaleza que va adquiriendo, gracias a un cambio de paradigma holístico en todas las áreas de la organización, porque ya se han integrado unas creencias expansivas y sostenibles en el tiempo.

La Perspectiva Holística en los Negocios

El siglo XXI, es considerado el siglo del conocimiento (Tünnerman, 2010), en este sentido, la UNESCO (2009), indica que las Organizaciones Empresariales constituyen una base fundamental para la construcción de la sociedad del conocimiento. Estas instituciones, en cumplimiento de su rol promueven y afianzan la capacidad de producir y difundir el conocimiento, mediante las actividades de gestión, creación de valor, interacción entre trabajadores, generación de prosperidad en la sociedad. También impulsan la formación de profesionales competitivos con pertinencia social.

Un modelo se considera holístico, de acuerdo con Salim, Yahya, Othman y Rashid (2007), cuando el modelo toma en cuenta la integración de las diferentes perspectivas: humana, procesos y tecnología. Es decir, un modelo que combine el enfoque humano, organizacional y tecnológico. En conclusión, el holismo busca tener una visión de totalidades, en vez de fragmentaciones, es ver el conjunto entero de los factores que lo componen, ver su todo, su complejidad, para poder apreciar sus interacciones, particularidades y procesos, que de forma regular no se perciben si se estudian los aspectos que conforman el todo por separado. Se requiere de una cultura que facilite el intercambio de conocimiento, que trate de motivar a las personas para crear, compartir y usar el conocimiento, de esta manera la organización obtiene beneficios y éxito a largo plazo (Oliver y Kandadi, 2006, p.8)

La gestión del conocimiento es definida como *"un conjunto de procesos que buscan gestionar la creación y difusión del conocimiento con la finalidad de alcanzar los objetivos de la organización"* (Lee y Yang, 2000, p.784). Asimismo, la GC consiste en poner a disposición del conjunto de miembros de una institución, de un modo ordenado, práctico y eficaz, además de los conocimientos explicitados, la totalidad de los conocimientos particulares, esto es, tácitos, de cada uno de los miembros de dicha institución que puedan ser útiles para el más inteligente y mejor funcionamiento de la misma y el máximo desarrollo y crecimiento de dicha institución (Del

Moral, 2008, p. 13). La GC busca, con un enfoque integrado, identificar, capturar, codificar, almacenar, recuperar, difundir y crear nuevos activos de conocimiento en una organización. En otras palabras, es la manera de procesar la información con la finalidad que se convierta en conocimiento. De allí, la importancia que las organizaciones logren gestionar tanto la información, como los procesos que viabilizan la del conocimiento de una manera más fluida. Según Bustelo y Amarilla (2001), *sin una adecuada gestión de la información, es imposible llegar a la GC.*

El concepto de holismo, claramente, está relacionado con una visión del todo, de la totalidad, por lo tanto, partimos de la base de que este aspecto se prevé beneficioso, ventajoso para un emprendedor. Una visión amplia de una idea o de un proyecto, aportará una herramienta decisiva para tomar decisiones estratégicas en una organización.

En un sentido más ontológico, analizamos que el pensamiento por el cual las características de un ser o de un conjunto solo pueden ser conocidas cuando se las considera y aprehende en conjunto, en su totalidad, y no cuando se estudia cada parte de este por separado. Por lo tanto, aquí tenemos una de las claves para trasladarlo a la aplicación empresarial en el sentido de que, para mantener la sostenibilidad de una organización, se debe tener permanentemente en cuenta todos los aspectos de esta: cada persona, cada departamento, cada detalle, y aplicarle un sentido grupal que dé sentido a dicha organización. Así, un individuo en una organización estará fuertemente determinado por el todo del que forma parte; es suficiente y necesario conocer ese todo para comprender todas las propiedades del elemento o de la entidad estudiada.

Si lo aplicamos desde el propio sistema humano y social, los individuos no son vectores pasivos. Los componentes individuales están socialmente determinados: la sociedad y una determinada organización con una cierta cultura ejerce un cierto poder sobre el individuo, incluso a veces coercitivo, adoptando unas reglas como naturales, cuando no lo son. Por ejemplo, tratar de hacer la vida imposible a un compañero de trabajo, cuando esta acción repercute en el todo de la organización. Según Émile Durkheim, *"el holismo se opone al individualismo"*.

En general, podríamos decir que es un concepto que intenta difundir una creencia en una totalidad que excede la limitación humana individual. Desde un sentido más integral, concluiríamos diciendo que la sinergia de las partes es más efectiva que la sumatoria de cada una de ellas. El tratamiento integral es la base del concepto holístico, donde existe un consenso, además de que podemos aplicarlo como un modelo estratégico integral en una organización.

Holística como sabiduría

"La población occidental no ha aumentado sus niveles de felicidad en los últimos 50 años. Somos más ricos, trabajamos menos, tenemos más vacaciones, viajamos más, vivimos más años, y tenemos mejor salud. Pero no somos más felices. *Este sorprendente hecho debería ser el punto de partida en muchas de nuestras ciencias sociales"*, Richard Layard, profesor en la London School of Economics. Añadiría que, nuestro sistema es el que es, pero no hay duda que somos conscientes de que es "muy mejorable". El modelo holístico persigue un objetivo común, la felicidad individual y como colectivo.

En una organización empresarial, bajo el prisma de un modelo holístico, se persigue exactamente lo mismo, en realidad la empresa es un nódulo más de la sociedad, que interactúa con las demás. La suma de todos nódulos se convertiría en un todo, que sería el reflejo de la realidad que estamos creando.

Nos deberíamos hacer las siguientes preguntas, al menos las personas que estamos viviendo una realidad directamente con la empresa, especialmente los emprendedores. La ciencia económica: ¿Cuál es su objetivo?, ¿cómo se construye?, ¿cómo mira esta disciplina al ser humano? En cuanto al concepto de la sabiduría, puesto que la holística está muy relacionada con el objetivo prioritario de entender lo que sucede a un nivel macro, para poder interactuar a nivel micro. Allí donde terminan las preguntas de la economía, es donde comienzan las de la Sabiduría: ¿cómo construye sus preferencias el ser humano? ¿Existe un problema de confusión de identidad? ¿Cuál es el mensaje común de las diferentes tradiciones de sabiduría? Todavía se siguen escuchando las afirmaciones siguientes en una empresa: "yo tengo una identidad, una forma de ser en el trabajo, pero luego en mi vida personal soy otra persona".

Este desdoblamiento de personalidad genera un auténtico cáncer en la sociedad. No existe la creencia de que una organización empresarial puede ser un lugar de aprendizaje y gestión del conocimiento, un lugar donde compartir y generar todo el potencial que seamos capaces, desplegar todo el talento, tener la oportunidad de alcanzar nuestra mejor versión, como persona y como profesional, que debería estar totalmente integrado. El modelo holístico no distingue entre la persona individual y el profesional. La persona es un ente completo que interactúa con otros seres para complementarse. No somos "abogado", "empresario", "profesor". Nuestra evolución como especie desde el punto de vista económico y desde el punto de vista de sus niveles de comprensión o conciencia hemos alcanzado grandes hitos a considerar del pasado para poder entender el presente, y comenzar a alumbrar el futuro. Esto sería también uno de los enfoques de la Holística, tener una visión de lo que hemos sido, lo que somos, y lo que podemos ser capaces de ser.

A nivel práctico y diario no crecer en términos económicos genera sufrimiento (crisis y paro); sin embargo, el crecimiento económico nos lleva a un deterioro ambiental que compromete la viabilidad del planeta y la pervivencia de la propia especie (Valverde, 2017). En el caso que estamos viviendo en 2020 con la pandemia, podemos comprobar la contundencia y fuerza que tiene la globalidad frente a la cotidianeidad. Todo puede cambiar en un instante. ¿Hay alguna salida plausible y realista para esta encrucijada? ¿Qué nos dice la ciencia económica tradicional? ¿Cómo abordar el problema desde la Sabiduría o desde un enfoque Holístico? Todas estas preguntas son necesarias para entender que, la solución de un problema no se realiza desde los mismos parámetros mentales que generaron el problema, sino desde una perspectiva diferente para crear una realidad diferente. A nivel individual o de una organización, esto no lo tienen claro, intentan solucionar los problemas desde los mismos parámetros mentales, mismo paradigma, mismo "marco conceptual". El modelo holístico tiene integrado, en sí mismo, la flexibilidad de enfoques distintos "fuera de la caja", y aunar un consenso en pautas de pensamiento diferentes que al final, en un mundo de posibilidades, la organización encontrará la mejor versión de la solución para todos y como ente individual.

La ciencia económica, ¿nos está acercando o alejando de las propuestas de la Sabiduría/Holísmo?

¿Cuál debe ser nuestra guía para avanzar en el incierto futuro?
¿Es la razón -el ser racional- el objetivo último de la evolución en la economía y la sociedad?

En momentos de incertidumbre como los que, en estos momentos, debido a la pandemia del Covid-19, estamos viviendo, lo primero que aparece es miedo en la población y segundo cómo voy a sobrevivir. Es evidente que, en un momento de crisis económica y financiera, la población intenta buscar un nuevo paradigma de subsistencia. Una de las características que tiene el modelo holístico es que ya contempla la posibilidad de momentos de incertidumbre y cambios de paradigma, puesto que, tanto la economía, como la coyuntura actual, es un proceso constante y evolutivo, expansivo unas veces, y otras que se contrae.

Nos han educado, en general, que si me quedo como estoy, las cosas irán mejor. Podemos afirmar hoy en día que, cualquier emprendedor, debe ser consciente que tendrá momentos duros, pruebas difíciles de superar, y es parte del juego, así como momentos que todo fluirá sin ningún esfuerzo aparente. *"Si pueden ver las pruebas como oportunidades, entonces la manera en que viven su vida está bien. Entiendan esto y ya sabrán algo muy grande sobre vivir la vida"* (Inamori, K. 2009, p. 4).

Holística como felicidad

Podemos decir que son alentadoras y sorprendentes las conclusiones extraídas por Achor en su libro "The Happiness Advantage", lo que aporta la felicidad en el trabajo. Una de sus afirmaciones dice que *"innumerables estudios han encontrado que las relaciones sociales son la mejor garantía de un mayor bienestar y una disminución del estrés, tanto un antídoto para la depresión como una receta para el alto rendimiento"*. Por lo tanto, desde el paradigma del concepto holístico, está perfectamente alineado con entender una organización como un ente donde trabajan un grupo de personas que interactúan entre ellas. Si en estas relaciones se persiguen objetivos comunes y se realiza dentro del bien común, las cotas de rendimiento se disparan. Debido a que los cerebros positivos tienen una ventaja biológica sobre los cerebros neutrales o negativos, la ventaja de la Felicidad nos enseña cómo volver a programar nuestros cerebros para capitalizar la positividad y mejorar nuestra productividad y rendimiento.

Por supuesto, dentro del concepto de la holística, no se trata de la negación del negativismo ni que en momentos puntuales existirán problemas y falta de entendimiento. Ya se contemplan como oportunidades de mejora. Cuando los desafíos se avecinan y nos sentimos abrumados, nuestros cerebros racionales pueden ser secuestrados por las emociones. El Círculo del Zorro (Achor, 2010) nos enseña cómo recuperar el control centrándonos primero en objetivos pequeños y manejables, y luego expandiendo gradualmente nuestro círculo para conseguir otros cada vez más grandes

Sostener un cambio duradero a menudo se siente imposible porque nuestra fuerza de voluntad es limitada. Y cuando la fuerza de voluntad falla, volvemos a nuestros viejos hábitos y sucumbimos al camino de menor resistencia. En las organizaciones tratan de solucionar los problemas que van apareciendo bajo el mismo paradigma que los creó, por lo tanto, se convierte en un círculo vicioso.

Desde el punto de vista de la holística, muchas veces, las soluciones aparecen desde unos parámetros "fuera de la caja", ya que se entiende que, para encontrar soluciones a problemas nuevos, debemos hacerlos desde perspectivas diferentes de pensamiento que hasta ese momento no se estaban aplicando.

Como resumen, aportaremos un resumen de las ventajas de la felicidad (Achor, 2010):

✓ La felicidad no es sólo un estado de ánimo, es una ética de trabajo.

✓ Podemos usar nuestro cerebro para cambiar la forma en que procesamos el mundo, y eso a su vez cambia la forma en que reaccionamos a él.

✓ Escudriñar constantemente el mundo en busca de lo positivo, nos permite experimentar felicidad, gratitud y optimismo

✓ Cuando reformulamos el fracaso como una oportunidad de crecimiento, es más probable que experimentemos ese crecimiento

✓ Las personas más exitosas, en el trabajo y en la vida, creen que sus acciones tienen un efecto directo en sus resultados

Por tanto, resulta evidente que las organizaciones deben implementar políticas y medidas dirigidas a mejorar la satisfacción y motivación del capital humano. Si bien esta idea no es nueva, y la gran mayoría de los empresarios conocen la relación entre felicidad de la plantilla y productividad, el problema del sistema tradicional es que relegaba el impulso del bienestar de los equipos.

Holística como educación

La educación holística (del griego "holos", totalidad) nace en los años 90 del siglo pasado y es, sin duda, el paradigma educativo para el siglo XXI. Parte de la base de que cada ser humano es único e irrepetible, pero, al mismo tiempo, está intrínsecamente relacionado con todo lo que le rodea. Es decir, cada ser humano es un holón, una parte de un holograma o totalidad, cuyas partes contiene. La educación holística no es un método educativo, sino una visión creativa e integral de la educación. Dentro de esta investigación en el concepto de la holística, podemos constatar que este modelo se está aplicando desde hace años en el sector de la educación.

Por ejemplo, en el modelo Montessori, o en el sistema Waldorf. En el primero, El aula Montessori integra edades agrupadas en períodos de 3 años, lo que promueve naturalmente la socialización, el respeto y la solidaridad. En el método Waldorf, es uno de los sistemas educativos que aparece como una alternativa al sistema educativo tradicional prusiano. La pedagogía Waldorf, iniciada por el filósofo alemán Rudolf Steiner, busca el desarrollo de cada niño en un ambiente libre y cooperativo, sin exámenes y con un fuerte apoyo en el arte y los trabajos manuales, lo que da como resultado una gran sensibilidad y consciencia del potencial de cada alumno, además de un sentimiento de grupo.

Podemos identificar, analizando varias fuentes de educación holística, que es una educación para la vida, que contempla al ser humano como un todo y no solo como un cerebro, en el que solo se apela al hemisferio izquierdo (el lógico, el analítico, el racional) en detrimento del hemisferio derecho (el intuitivo, el creativo, el imaginativo). Es una educación que va más allá del aspecto cognitivo, se centra también en el físico, el emocional y el espiritual para formar un ser más íntegro. Por lo tanto, aquí volvemos a tener claro el concepto holístico, una visión del todo, desde la individualidad.

La educación holística es una pedagogía humanista centrada en el estudiante e interesada, ante todo, en su formación y desarrollo como persona, en su relación consigo mismo y también, como ser en sociedad, en su relación con los demás y con el planeta (Cabestany, 2018). Además, incorpora la vertiente espiritual laica, que no ha sido considerada por otras corrientes pedagógicas.

Como conocimiento de la Educación Superior, y como antesala del futuro emprendedor, constatamos que la mayoría de las instituciones educativas de nivel superior, ante el grave desempleo que enfrentamos en nuestra sociedad, aceptan que es necesaria la formación de jóvenes para integrarse al mercado de trabajo, pero muy pocas se enfocan en que sean ellos mismos los creadores de su trabajo.

Es un objetivo muy loable, pero desafortunadamente no se logra en la mayoría de los casos, ya que muchos se incorporan a la actividad productiva como empleado o subempleado y en el peor de los casos a engrosar los índices del desempleo; son contados los egresados que tienen éxito en la creación de su propia empresa, pueden ser varias razones a priori, sin embargo, es un hecho que desde la visión de la educación holística, los programas académicos siguen proporcionando una formación parcial, materialista, por lo que los futuros egresados de nivel superior carecen de una formación integral, una formación que les permita evolucionar su consciencia y ser feliz en esta experiencia humana, enfrentando la incertidumbre con seguridad en sí mismos, desarrollar verdaderamente la creatividad y resolver exitosamente las vicisitudes del ámbito laboral y en particular de los negocios como un emprendedor consciente.

Y sobre todo, establecer en los programas educativos la evidencia de que emprender en cualquier actividad profesional, es posible, desde un punto de vista objetivo, y además, que se contemple como una alternativa, no fácil de conseguir, aunque con un cierto emponderamiento del alumnado, se puede contemplar como un camino de vida motivador y transformador de la sociedad.

La finalidad esencial de la educación es evolucionar la consciencia del ser humano, y en la visión de la educación holística un aspecto es precisamente, que el ser humano evolucione a niveles superiores de consciencia, para que en última instancia el ser humano utilice todo su potencial al servicio de la sociedad y de experimentar su verdadera esencia que es ser feliz.

Un emprendedor consciente es feliz y se siente plenamente satisfecho en su actividad y camino de aprendizaje, sirviendo a la sociedad y como consecuencia, a él mismo, como lo expresa Marci Shimoff "*la felicidad no tiene nada que ver con tener todo aquello que se ha soñado con poseer y tampoco consiste en simplemente negar la necesidad de las comodidades materiales en esta vida. Lo que en realidad buscamos todos es la felicidad que sale de dentro y no depende de las circunstancias externas, la del tipo que yo llamo felicidad porque sí*" (Shimoff, 2008)

Análisis del Sistema holístico de Gestión del Conocimiento/talento en una Organización

Partiendo de la base del *capitalismo consciente*, será esta motivación laboral la que desemboque en un mejor rendimiento de los profesionales y una mayor rentabilidad, y no viceversa. Los líderes conscientes prefieren contar con empleados felices, aunque ello suponga ganancias inferiores para los accionistas a corto plazo, ya que saben que, a medio o largo plazo, la satisfacción de los trabajadores multiplicará los beneficios de todos los grupos de interés, inversores incluidos.

Para implantar una política de gestión del talento, los empresarios deben ser conscientes de qué hace felices a los trabajadores, el qué motiva realmente a los empleados, es decir, de aplicar ideas generalizadas, preconcebidas y, en algunos casos, desfasadas sobre satisfacción a indagar directamente en las razones particulares de cada empleado que activan su implicación.

Durante el siglo XX, el capitalismo tradicional ha asociado la satisfacción laboral principalmente a factores extrínsecos, como sueldos más altos o seguros médicos. Sin restar la importancia que estos elementos tienen en la motivación de los profesionales, hoy sabemos que lo más importante para crear equipos implicados es conseguir dar respuesta a las motivaciones intrínsecas de cada trabajador, creando una relación emocional de respeto y confianza entre la compañía y el capital humano que los convierta en una única entidad que se mueve al unísono de un propósito y unos valores comunes (SIDODIA; MACKEY, Conscious Capitalism ,*2013*).

De acuerdo con Reaich, Gemino y Sauer (2012) la Gestión del Conocimiento debe propiciar un ambiente social y tecnológico que favorezca las actividades relacionadas con el conocimiento, de manera de promover la creación, almacenamiento y difusión de este. La GC busca, con un enfoque integrado, identificar, capturar, codificar, almacenar, recuperar, difundir y crear nuevos activos de conocimiento en una organización. En otras palabras, es la manera de procesar la información con la finalidad que se convierta en conocimiento.

Desde el punto de vista de un modelo holístico, se trata de facilitar la comprensión y el tratamiento de la complejidad de los sistemas. Para Sánchez (2005) un modelo de GC *es una herramienta que permite representar, de forma simplificada, resumida, simbólica, esquemática*. Un modelo se considera holístico, de acuerdo con Salim, Yahya, Othman y Rashid (2007), cuando el modelo toma en cuenta la integración de las diferentes perspectivas: humana, procesos y tecnología. Es decir, un modelo que combine el enfoque humano, organizacional y tecnológico.

Podemos afirmar en general, para llevar a cabo un modelo holístico en la Gestión del Conocimiento y la excelencia en la calidad y desempeño, se requiere involucrar a las personas, ya que es donde reside el conocimiento, es decir, son éstas las que crean conocimiento y lo utilizan en su actividad.

Por lo tanto, en la cultura organizacional, en la misión y visión de la empresa, se deben crear las condiciones para facilitar e incentivar a las personas con el propósito que se pueda llevar a efecto y de forma adecuada el proceso de creación y transmisión del conocimiento.

Es decir, los procesos permiten optimar la producción, son las claves de la organización, representan el saber hacer en este contexto, en otras palabras, son las acciones, al igual que el desenvolvimiento de las tareas y funciones de la organización, que se representan mediante la gestiona administrativa, organizativa, técnicos y operativos.

En tanto que, las tecnologías de la información y comunicación (TIC) son las que facilitan el poder gestionar las comunicaciones, la información, como también el conocimiento, mediante la gestión eficiente del hardware (computadores y redes de comunicación) y software (sistemas y programas). Hoy en día nuestra interacción se fundamenta en un entorno digital. En primera instancia no tiene porqué disgregar la comunicación entre los trabajadores, debe ser entendida como una herramienta para poder llegar más lejos y gestionar el tiempo, optimizar los esfuerzos y ayudar a compartir una información horizontal para todos los equipos autogestionados.

Como establecen Raj Sisodia y John Mackey en su libro *"Conscious Capitalism"*, es posible *"construir una empresa a partir del amor y la confianza en lugar del miedo y el estrés"*, convirtiendo la satisfacción de los trabajadores es uno de los pilares fundamentales de dicha actividad. Tratando de ser realistas, la sociedad, hoy en día, no está preparada para un planteamiento estratégico semejante, ya que la mayoría de los colaboradores o empleados en una organización se quedarían perplejos ante una cultura corporativa con este enfoque. Lo más probable es que pensaran que estaban en una secta, en vez de una organización empresarial.

En conclusión, el modelo holístico para la Gestión del Conocimiento y la excelencia busca tener una visión de totalidades, en vez de fragmentaciones, entender y comprender una visión de 360 grados, un conjunto entero de los factores que lo componen, ver su todo, su complejidad, para poder apreciar sus interacciones, particularidades y procesos, que de forma regular no se perciben si se estudian los aspectos que conforman el todo por separado. Veamos cual sería el cambio de paradigma

Modelo holístico en la Excelencia de una Organización Empresarial: LA EMPRESA CONSCIENTE

Una de las primeras premisas que debemos tener en cuenta es cómo crear una empresa consciente. A diferencia del capitalismo tradicional, la preocupación de las empresas conscientes no solamente se focaliza sobre los inversores, sino que su misión se centra de manera igualitaria en todos los colectivos de la organización. La organización que quiera irrumpir en el mercado bajo los principios del Capitalismo Consciente debe asumir que, cuidando a todos lo stakeholders y satisfaciendo sus necesidades y demandas, ningún grupo de interés tendrá que hacer sacrificios en beneficio de otro. Esto conlleva a un objetivo final que es la excelencia en la organización.

En una empresa con un modelo holístico, debido a una visión amplia de todo el espectro de la organización, todos los agentes que intervienen en la interacción de todos los procesos de ida y vuelta salen reforzados a partir del desarrollo de sinergias y colaboraciones que posibiliten el avance conjunto hacia los objetivos.

Es obvio y necesario volver a preguntarse algo que es vital en la supervivencia de toda organización empresarial. Debemos preguntarnos por la rentabilidad de implementar un *modelo de excelencia holístico*. ¿Por qué las empresas conscientes son más rentables? Como señalan Raj Sisodia, David Wolfe y Jag Seth en su libro Firms of Endearment, en la actualidad asistimos a un cambio de mentalidad, lo que ellos denominan la *Era de la Trascendencia*, y es justamente en momentos como éstos, donde se ponen a prueba modelos nuevos de excelencia empresarial.

En el modelo actual, debido a la *"pandemia mundial del Covid-19"*, un hecho de esta magnitud transforma el paradigma actual desde sus cimientos, creando una "nueva normalidad". Algunos dudamos de que esto sea por casualidad, ya que obviamente en un capitalismo inconsciente, una de sus variables en juego sigue siendo el "servilismo y el control" de las masas para su funcionamiento. Precisamente, una de las razones por las que no existe un "capitalismo consciente" es por la propaganda masiva de los medios de comunicación al servicio de los Gobiernos. Por lo tanto, la población, salvo que al final haya una masa crítica que despierte, el paradigma no cambia, sino que solamente muta.

Con estas afirmaciones, pretendemos llegar al hecho de que, implementar una empresa consciente, solamente será una realidad cuando se perciba que es rentable para sus creadores. Mientras no exista este convencimiento, el paradigma imperante impide generar una realidad diferente en la sociedad y en el mercado.

Hoy día, precisamente por el hastío y la saturación de un modelo insostenible como el que tenemos ahora, a nivel financiero, social y político, con pruebas suficientes de corrupción y de deshumanización, los trabajadores buscan una mayor trascendencia y propósito en sus acciones y desarrollan una perspectiva más humana de las empresas donde se eliminan las barreras que nos llevan a separar quiénes somos en el trabajo y fuera del trabajo, donde se conecta con las aspiraciones y necesidades de los distintos grupos de interés.

Debido a esta perspectiva humana, las organizaciones con un propósito que conecta con sus grupos de interés y que se demuestra, día a día, con el ejemplo y comportamiento de sus directivos y empleados, obtienen mejores resultados financieros. Toda organización que se precie busca aportar valor añadido en su entorno interno y externo, trata de solucionar un problema existente en el mercado y dar solución a ello, a través de la excelencia. Así lo pone de manifiesto Edward Freeman, de la Universidad de Virginia, en su libro *Strategic Management: A Stakeholder Approach.* Los profesionales quieren trabajar en ellas; los proveedores desean colaborar con ellas; los consumidores no dudan en comprar sus productos o servicios; los inversores apuestan por estos negocios, y esto se convierte en una inercia que evidencia una rentabilidad en dichas empresas.

Las empresas conscientes son aquellas que alinean su visión, cultura y estrategia, y por lo tanto obtienen hasta tres veces mejores resultados, según el artículo *The Hidden Value of Organizational Health -and How to Capture It* de Mckinsey, elaborado entre 2003 y 2011 a partir de 800 organizaciones y más de 1,5 millones de empleados. Encontramos también en *Firms of Endearment,* los autores recogen una investigación en la que comparan los resultados financieros de las empresas basadas en un modelo holístico con compañías del índice S&P 500 durante un periodo de 15 años. La investigación, en líneas generales, destaca que las organizaciones conscientes obtienen mejores resultados con menor riesgo que el resto de las compañías.

Básicamente las características que definen esta rentabilidad podríamos resumirlas en los siguientes puntos:

Optimización de la gestión de riesgo. Al mantener una actitud proactiva con los grupos de interés, las empresas responsables tienen mayor capacidad para afrontar los desafíos: trabajadores motivados e implicados, consumidores que comparten los valores de la organización o inversores satisfechos con los resultados.

Reducción de costes y mayor eficacia en los procesos empresariales. La mayor preocupación de las compañías por todos los aspectos de sus funcionamientos contribuye a que empleen sus recursos en lo que es realmente importante para el propósito de esta.

La mejora de la competitividad en el mercado al introducir rasgos diferenciadores. Las empresas conscientes no se limitan a vender un producto o servicio, sino que también aportan valores como el apoyo a las comunidades locales, la creación de grandes lugares para trabajar o el respeto del medio ambiente, entre otros, que se convierten en una razón más del cliente para comprar allí, en lugar de en la competencia.

El impulso de una imagen de marca positiva y mejora de la reputación de la compañía al compartir la riqueza generada con todos los stakeholders.

Incremento del grado de satisfacción de los empleados, lo que genera a su vez mayor productividad de la plantilla.

Disminución del riesgo de boicots por los clientes.

Relaciones sólidas con las partes interesadas.

Líderes conscientes

Según JV Crum III, autor de Conscious Millionaire: Grow Your Business By Making a Difference, un líder consciente actúa bajo los siguientes parámetros:

Los beneficios de la colaboración frente a la competencia. Se pueden obtener mejores resultados si se unen fuerzas que si se opta por el enfrentamiento. El líder consciente busca la fórmula para que todos los grupos de interés ganen.

Capacidad de visión de oportunidades. Para los líderes conscientes, el mercado está plagado de posibilidades si se está atento a lo que necesita la sociedad. Esto entronca con la idea anterior, pues las empresas conscientes pueden encontrar su propio nicho de mercado, sin necesidad de competir con el resto.

Capacidad de alineación frente a alienación. El sometimiento solo conlleva temor y desconfianza, por lo que aquellos que se sientan dominados huirán en cuanto tengan la oportunidad. En cambio, el liderazgo consciente contagia su creencia en el propósito de la empresa al resto de stakeholders, de modo que ellos también comparten su visión y sus objetivos, trabajando por su consecución con lealtad y pasión.

Análisis holístico de la realidad. A los directivos que siguen un postulado holístico, *"los árboles no les impiden ver el bosque"*, como se suele decir popularmente. Tienen la capacidad de percibir la realidad en su conjunto, lo que contribuye a que sus decisiones sean más acertadas y provechosas para todos los colectivos y objetivos de la organización.

Capacidad de adaptación a los cambios. El futuro no genera desconcierto ni angustia en los líderes conscientes, quienes ven los desafíos como nuevas vías de mejora en base a la experiencia adquirida. Su actitud optimista y centrada en la solución de conflictos les confieren grandes habilidades para adaptarse a los nuevos escenarios. En momentos de cambio de paradigma como estamos viviendo en el año 2020, florecerán los líderes que tienen esta capacidad, postulándose como nuevos *"gurús"* a seguir.

Asunción de la importancia del trabajo en equipo. ¿Qué sería de ellos sin los trabajadores? Para los líderes conscientes, el capital humano de la empresa es parte fundamental del éxito de la compañía y, de ahí, que desarrollen un vínculo estrecho con los empleados, basado en el respeto, el reconocimiento y la confianza.

Según previo análisis, el modelo que más se acerca a un modelo holístico sería la *Economía del Bien Común*, una propuesta de modelo económico y social, centrado en las personas y que resulta una palanca como cambio de paradigma. Es una alternativa concreta, posible, viable y aplicable a empresas y a la sociedad en general. Actualmente la EBC es un movimiento internacional que ha puesto en marcha un proceso abierto y participativo, que está en continuo crecimiento y que busca cambios socioeconómicos a nivel local y global. La EBC comenzó a ser visible gracias a la publicación en Austria, en agosto del 2010, del libro de Christian Felber, "Economía del Bien Común".

Este nuevo paradigma económico y social impulsa el indicador del Producto del Bien Común, para superar las limitaciones del actual PIB. En el caso de las empresas la EBC fomenta que el éxito se tenga que medir mediante el *Balance del Bien Común*, porque el Balance Financiero tradicional de las empresas no nos informa de manera fiable si el beneficio ha sido obtenido destruyendo empleo, con condiciones laborales deplorables, o explotando de forma indiscriminada el medio ambiente, produciendo materiales o servicios que no aportan nada al bien común.

Según la página oficial de EBC, el tipo de organizaciones que siguen el modelo holístico de la Economía del Bien Común, podemos citar desde Universidades, Centros Educativos, Empresas, Asociaciones, etc: https://economiadelbiencomun.org/tag/asociacion-federal-espanola/

Habitualmente, se trata de realizar un Balance del Bien Común, como una auditoria de la matriz del Bien Común, y se concede una serie de puntos, con un total de 1000. La Matriz del Bien Común es el corazón de este modelo, que podemos considerar un modelo holístico. Una de las principales propuestas de valor del modelo de la Economía del Bien Común, es que es un modelo abierto, donde todas las herramientas necesarias para hacer el Balance del Bien Común están a disposición de las Organizaciones que deseen realizarlo.

Las organizaciones deciden de forma voluntaria hasta donde quieren llegar haciendo uso de estas herramientas. Pueden hacer el Balance con sus propios recursos, solicitar a los Consultores acreditados de la Asociación Federal, acompañamiento para hacer el Balance Completo, la versión reducida o simplemente utilizar estas herramientas como guía para planes de mejora en el impacto social y ambiental de sus proyectos. Este es un ejemplo de matriz hecha por un Ayuntamiento valenciano.

Como podemos observar es, en sí mismo, un modelo holístico para cualquier organización empresarial en el cual tiene en cuenta el TODO:

Por un lado, tiene en cuenta todas las partes que intervienen en su interacción, desde los usuarios, financiadores, proveedores, etc.

Por otra parte, qué nivel de implicación tienen en cuanto a la solidaridad, justicia social, sostenibilidad, transparencia, participación.

Análisis del Modelo Holístico en una organización en el momento actual

Actualmente la mayoría de las Organizaciones empresariales, ante situaciones cambiantes como las que estamos viviendo en un entorno de globalización, se ven abocadas a buscar nuevos modelos estratégicos. Cuando un modelo despersonalizado como el que estamos percibiendo en el mercado, y todo tan tecnificado, el consumidor se siente más cómodo y seguro con modelos más humanos. Para ser más exactos, estamos en el momento de desarrollar la Inteligencia Artificial, que, hasta los más expertos, no saben cómo afectará a los seres humanos una tecnificación de sus vidas.

Dotar de herramientas para que las organizaciones sean más productivas y eficientes, es una premisa que todos aceptamos y estamos de acuerdo. Pero ¿qué ocurrirá si la Tecnología e Inteligencia Artificial sustituye al ser humano, y este paradigma acaba imponiéndose, deshumanizando las organizaciones?

Tengo mis serias dudas de que, el "Establishment", realmente quiera que todo el mundo tenga acceso a las mismas herramientas e información, o que todo el mundo en este planeta, viva en un ecosistema natural sin polución, con aire sin contaminar y mimetizados en la naturaleza.

Todo lo contrario. Hay pequeños países como Suiza, algunos países del Norte de Europa, que sí tienen estos privilegios. Y vemos que, en una situación de "control de la población", por la razón que sea, las sociedades actúan de manera diferente. Existe una evidencia clara que la IA proporcionará mucho más control sobre la población (en China ya se ha implementado el programa por puntos), si se aprovecha toda la información de la que se dispondrá, ya que cada vez proporcionamos y nos retroalimentamos de más datos. Por lo tanto, más que nunca, se debe seguir un *código ético estricto* y que los países validen, para que la tecnología sea puesta para el bien de la sociedad.

Todo ello parece una utopía y grandes palabras, pero existen ejemplos de ciudadanos, incluso, que ya se están movilizando en este sentido. Citaré a alguien que conozco personalmente, Jaime Garrido, colaborador de Cuarto Milenio, el arquitecto "Jaigar", el cual ha creado la "ética estricta" en el sector de la construcción, un código ético para un sector que no ha respetado, precisamente, las buenas prácticas, en momentos de masificación: https://jaigarr.net/es/paradigma-de-la-etica-estricta/

Hoy en día es cierto que es una utopía implantar un *modelo holístico estricto*, ya que debería existir un cambio de paradigma mundial en cuanto a que la población no estamos preparados para aceptar este nivel de exigencia ética. Una de las premisas que cualquier ciudadano debe analizar es qué significa la excelencia, qué significa mejorar y evolucionar en una organización empresarial y en la sociedad en general.

Cuestionamos algo que en este momento está en boca de todos, la tecnología: tenemos que hacernos algunas reflexiones: ¿debe ser abierta? ¿los que la poseen pueden aprovecharla, que de hecho lo hacen, para implementar un control sobre la ciudadanía en pro de la falsa seguridad y protección de datos? *El gran reto que se nos presenta hoy en día con la LA es, sin lugar a duda, el grado de implementación de esta tecnología para la evolución de la sociedad o el control de unos pocos y convivir sin dejar de evolucionar como seres humanos.*

¿Qué entendemos por emprendedor consciente?

El concepto de emprendedor consciente toma como base la visión del paradigma de la holística, que en sus principios plantea que el propósito de un modelo como tal, de una visión completa de la realidad, es evolucionar la consciencia; también se origina a partir del concepto de "Capitalismo Consciente". (Aburdene, P. 2006). Capitalismo consciente, es un término acuñado por Patricia Aburdene en su libro Mega tendencias 2010, *que hace referencia a la emergencia de un capitalismo con rostro humano, basado en la espiritualidad, ético, que hace realidad el ideal de un mercado orientado a la evolución de la conciencia.*

Podemos definir que un emprendedor consciente, es un individuo que se sirve de su potencial espiritual interior, para hacer realidad la creación de una o más empresas exitosas, con las características que presentan las del capitalismo consciente, tales como desarrollarse dentro de un marco ético y de respeto del entorno natural, social, político y cultural.

Para alcanzar una experiencia en un modelo holístico, es vital que la educación reincida en una formación integral del ser humano, con la finalidad esencial de que sea feliz. Marci Shimoff dice que existen "*dos barreras que se interponen entre nosotros y la felicidad*", y que esas barreras son *el miedo y la ansiedad*, producidos por el apego a todo aquello que nos produce placer y tememos perder; por la aversión a todo aquello que nos produce dolor y como tal lo rechazamos, pero además también es causa de nuestro sufrimiento la ignorancia de nuestra verdadera naturaleza humana, que es felicidad y amor puro. Esta es la esencia de donde parte la holística.

Las organizaciones empresariales originadas desde esta perspectiva holística serán proyectos que integren la búsqueda del bien común, así como el beneficio del propio emprendedor, esos negocios se espera formarán parte del propósito de vida de cada uno de sus creadores y su realización plena como ser humano, que busca la verdadera felicidad y la sustentabilidad en su entorno, tal como lo expresó el inversionista Malcolm Forbes: "*Los negocios surgieron para producir felicidad, no para acumular millones*" (Berenstein, M., 2008. p.13).

Según Jörg Zittlau, un empresario cuya "característica más destacada del líder moderno es que, al contrario que su predecesor, no tiene su capital invertido en la empresa, pero si muchas ideas sobre cómo invertirlo. No tiene sillones de piel, pero si un taburete de oficina ortopédico. No esclaviza a los empleados que dirige, sino que los integra en los procesos decisorios. Está orientado al rendimiento y dispuesto a renunciar.

No sabe lo que es acopiar dinero, y en cambio le apasiona invertir dinero. Es que el mánager no se agarra de los éxitos anteriores, sino que está constantemente buscando la novedad y la creatividad." (Zittlau, J. 2007, p. 14). Vemos un modelo con una visión holística de liderar una Organización, sin apegos a nada material, aunque al mismo tiempo su creatividad generará la abundancia y prosperidad material donde lidere.

Necesitamos cambiar radicalmente el paradigma educativo y las creencias establecidas en la sociedad, así como el propósito de una Organización Empresarial. El nuevo paradigma en la formación de los seres humanos necesita fundamentarse en una visión Holística, una visión educativa que integre la formación de los futuros líderes emprendedores de negocios con una misión y una profunda visión espiritual en sus propias vidas y sus empresas, pues es bien sabido que los negocios son la realidad de la vida del ser humano, por lo cual se tiene que negociar y tener actividades económicas, con las cuales generar riqueza para el bienestar de las diversas culturas y sociedades.

Los emprendedores conscientes deberán prepararse disciplinadamente en las prácticas de meditación o reflexión de cuáles son los propósitos que le llevan a liderar una organización, para que comprendan su aportación en la sociedad a través de las empresas que pilotan, para que en consecuencia sean verdaderos seres plenos y felices. Ésta sería la finalidad primordial de un modelo holístico, un nuevo paradigma que aporta al ser humano una sabiduría y conocimiento pleno de nuestras capacidades.

Este es también el propósito del camino medio que propone el Óctuple Noble Sendero, para sustentar la formación de emprendedores conscientes y en ello por supuesto va implícito el "tener suficiente para comer y vestir; el dinero suficiente para vivir confortablemente es una meta digna y el deseo de hacer algo por uno mismo puede en verdad volverse una energía poderosa que enriquezca la vida" (Inamori, K. 2009, p. 3).

Dentro de todas estas metas en la vida exterior del ser humano existe una que tiene relación directa con la felicidad plena, para lo cual Inamori dice: "*hay una cosa que no deben dejar atrás: su espíritu. ¿Qué hemos hecho con nuestras vidas?*" (Inamori, K. 2009, p. 3)

Para lograr una transformación del futuro emprendedor consciente, se requiere una propuesta integradora, desde la educación hasta cuestionar todas las creencias que hasta ahora ha integrado la sociedad a nivel colectivo. La propuesta basada en el paradigma holístico se fundamenta en un nuevo esquema de valores que producirán los cambios transformacionales. Como conclusión y según Gallegos Nava, R. 2001.p. 30-3, debemos transformar los siguientes aspectos, y tendremos emprendedores más conscientes:

- ✓ Cambio del mito del progreso al equilibrio sustentable
- ✓ Cambio de la competencia a la cooperación económica
- ✓ Cambio de la desacralización de la naturaleza, comprender que nuestro planeta es un ser vivo
- ✓ Cambio de la política de ganadores-perdedores a una política de emprender con la visión de ganar-ganar-ganar
- ✓ Cambio de programas de largo plazo. Los emprendedores conscientes crean empresas que perduran
- ✓ Cambio de instituciones burocratizadas e inflexibles a organizaciones participativas
- ✓ Cambio del consumismo al consumo responsable

✓ Cambio de prioridades de lo cuantitativo a lo cualitativo
✓ Cambio de lo científico como verdad absoluta a diversas formas de conocimiento como verdades relativas
✓ Cambio de un sistema educativo para la industria a un modelo educativo para la vida Cambio de la conciencia fragmentada a la conciencia de la totalidad

Intentar explicar un modelo holístico en el mundo empresarial no es una tarea fácil. Muchos emprendedores ni siquiera entienden el concepto holístico de crear una organización empresarial o llevar un proyecto adelante con esta perspectiva. Además, existe la creencia en el inconsciente colectivo, debido al sistema económico implantado de competitividad animal que existe, que aplicar un modelo holístico no es compatible con los beneficios y sostenibilidad de un negocio.

En realidad, es ser consciente y responsable de su capacidad y actos en el mercado/sociedad, solucionando algún problema a determinado grupo poblacional, aplicando todo su potencial, por lo tanto generando prosperidad y beneficio mutuo. Para ello se aplica un modelo basado en los principios de Responsabilidad Social, añadiendo un compromiso holístico dentro de este marco, implementando el procedimiento de una Memoria de RSC. El *Plan de Responsabilidad Social Holístico* se ha creado partiendo de la base de varios conceptos en los que se hace hincapié, como son: sensibilización, compromiso, formación/experiencia y transparencia.

Integrando las Leyes del Kybalion en el Emprendimiento

1. Mentalismo: Cómo la mentalidad del emprendedor puede influir en el éxito del negocio y cómo aplicar la ley del mentalismo para establecer metas y visualizar el éxito. La Ley del Mentalismo, la primera de las Siete Leyes Herméticas del Kybalion, establece que *"El Todo es Mente; el universo es mental"*.

Esta ley es esencial para entender cómo se relaciona el emprendimiento holístico con las enseñanzas del Kybalion.

La Mente del Emprendedor: La Ley del Mentalismo nos enseña que la mente es la base de toda creación. En el emprendimiento, esto se traduce en que la idea de un negocio surge primero en la mente del emprendedor. La claridad de esa idea, su originalidad y su viabilidad están directamente relacionadas con la calidad de la mente que la concibe. Un emprendedor que comprende esta ley comprende que la calidad de su pensamiento y su imaginación influirán directamente en el éxito de su empresa.

Visualización y Creación: La Ley del Mentalismo también implica que todo lo que existe en el mundo material primero tuvo que ser concebido en la mente. Los emprendedores holísticos practican la visualización creativa. Se imaginan a sí mismos y a sus negocios teniendo éxito incluso antes de que eso suceda en la realidad física. Esta práctica no solo motiva a seguir adelante, sino que también crea una forma de pensamiento que tiene el poder de materializarse en el mundo físico.

Creando una Cultura Empresarial: La mentalidad del emprendedor es contagiosa. Si un líder empresarial tiene una mente positiva y orientada al crecimiento, esto se reflejará en la cultura de la empresa. Un enfoque mental positivo puede inspirar a los empleados, fomentar la innovación y superar los desafíos. La comprensión profunda de la Ley del Mentalismo implica que un emprendedor puede influir en la mentalidad colectiva de su equipo y, por ende, en el éxito general del negocio.

El Poder del Enfoque: La Ley del Mentalismo también enseña que la mente está en constante movimiento. Para los emprendedores, esto significa que deben aprender a enfocar su mente en las ideas y los objetivos que desean lograr.

La atención constante y enfocada en los objetivos empresariales crea una energía mental que puede conducir al éxito. Sin embargo, una mente dispersa y sin enfoque puede llevar a decisiones erráticas y falta de dirección en el negocio.

Ley del Mentalismo y Empatía: Comprender que "El Todo es Mente" también implica una profunda empatía. Los emprendedores holísticos que comprenden esta ley pueden conectarse mejor con sus clientes y empleados. Pueden entender las necesidades y deseos de los demás a un nivel más profundo, lo que les permite desarrollar productos y servicios que verdaderamente resuelven problemas y satisfacen las necesidades del mercado.

En resumen, la Ley del Mentalismo del Kybalion nos recuerda que el pensamiento es el precursor de toda manifestación en el mundo físico. Para los emprendedores holísticos, esto implica cultivar una mentalidad positiva y centrada en el crecimiento, visualizar el éxito, enfocarse en los objetivos y practicar la empatía. Al aplicar estos principios, los emprendedores pueden crear negocios prósperos y significativos que no solo generan beneficios financieros, sino que también contribuyen positivamente al mundo que los rodea.

2. Correspondencia: Exploración de la interconexión entre diferentes aspectos del negocio, como la relación entre el cliente y el producto, y cómo entender estas correspondencias puede mejorar las operaciones.

La Ley de Correspondencia establece que *"como es arriba, es abajo; como es abajo, es arriba"*. Esta ley hermética implica que hay una correspondencia y una conexión entre los diferentes planos de existencia, desde lo más alto y espiritual hasta lo más bajo y material. En el contexto del emprendimiento, esta ley puede ser profundamente esclarecedora y práctica.

La Visión Empresarial y la Realidad: En el mundo del emprendimiento, esta ley sugiere que la visión que un empresario tiene para su negocio (arriba) debe corresponderse con la realidad y las operaciones diarias del negocio (abajo). Esto significa que los valores, la misión y la cultura que se definen en la sala de juntas deben reflejarse en la forma en que los empleados interactúan con los clientes, en la calidad de los productos o servicios y en la reputación general de la empresa.

Relación con los Clientes: La Ley de Correspondencia también implica que la forma en que una empresa trata a sus clientes (abajo) afecta directamente la percepción que los clientes tienen de la empresa (arriba). Un enfoque empresarial que muestra respeto, empatía y cuidado por los clientes se corresponderá con una clientela leal y satisfecha. Por otro lado, un trato negligente o desinteresado corresponderá con la pérdida de clientes y una reputación negativa.

Coherencia Interna: Dentro de una empresa, la coherencia entre la alta dirección, los gerentes intermedios y los empleados de nivel base es esencial. Una comunicación clara y una estructura organizativa que se corresponda con los objetivos y valores de la empresa aseguran un flujo armonioso de trabajo. Una desconexión entre estos niveles llevará a la confusión, la falta de dirección y finalmente al fracaso empresarial.

Desarrollo de Productos/Servicios: La ley de correspondencia también se aplica al desarrollo de productos o servicios. Si una empresa busca crear algo valioso y útil para sus clientes (arriba), debe asegurarse de que el producto o servicio final cumpla con las expectativas y necesidades del mercado (abajo). La correspondencia entre la idea inicial y el producto final es crucial para el éxito a largo plazo.

Innovación y Adaptación: En un mundo empresarial en constante cambio, las empresas deben adaptarse y evolucionar para seguir siendo relevantes. La ley de correspondencia implica que las estrategias y los modelos de negocio (arriba) deben corresponderse con las demandas y tendencias del mercado (abajo). Las empresas que pueden adaptarse con éxito a estos cambios mantendrán su relevancia y éxito a lo largo del tiempo.

Cultura Organizativa: La cultura de una organización (arriba), incluyendo sus valores, ética y forma de hacer negocios, debe corresponderse con la forma en que los empleados se comportan en su entorno de trabajo (abajo). Una cultura de empresa que fomente la creatividad, la colaboración y la responsabilidad corresponderá con empleados comprometidos y productivos.

En conclusión, la Ley de Correspondencia del Kybalion nos enseña que existe una conexión profunda entre los diferentes aspectos del emprendimiento, desde la visión y la cultura empresarial hasta la forma en que se interactúa con los clientes y se desarrollan productos. Los empresarios conscientes de esta ley pueden alinear sus acciones y decisiones con sus objetivos más elevados, creando así empresas que prosperan no solo materialmente, sino también en términos de significado y contribución al mundo que les rodea.

3. Vibración: Cómo las vibraciones energéticas en el ambiente empresarial pueden influir en la productividad y el ambiente laboral, y cómo crear una vibración positiva en el negocio.

La Ley de Vibración del Kybalion establece que "*nada está en reposo; todo se mueve; todo vibra*". Esta ley hermética nos enseña que todo en el universo está en constante movimiento y vibración, incluyendo nuestros pensamientos y emociones. Relacionado con el mundo empresarial, esta ley tiene profundas implicaciones:

Energía Empresarial: Cada empresa tiene su propia energía y vibración. Esta energía se refleja en la forma en que los empleados interactúan entre sí, en cómo los clientes perciben la empresa y en el ambiente general del lugar de trabajo. Un emprendedor consciente de la Ley de Vibración comprende que la energía positiva y la actitud proactiva pueden elevar la vibración de la empresa, creando un ambiente propicio para la creatividad, la innovación y la productividad.

Emociones y Decisiones Empresariales: Las emociones de los líderes y empleados tienen un impacto directo en las decisiones empresariales. Las emociones negativas, como el miedo o la indecisión, pueden llevar a decisiones impulsivas o poco fundamentadas. Un líder empresarial consciente de la Ley de Vibración sabe que mantener emociones positivas, como la confianza y la determinación, puede influir en la toma de decisiones estratégicas, promoviendo un crecimiento empresarial sostenible.

Resonancia con el Mercado: Las empresas que comprenden la Ley de Vibración pueden sintonizarse con las necesidades y deseos del mercado. Al entender las vibraciones del mercado, los empresarios pueden adaptar sus productos, servicios y estrategias de marketing para resonar con los clientes. Esto no solo implica estar al tanto de las tendencias, sino también captar la "vibración emocional" del público objetivo y responder de manera auténtica y empática.

Cultura Organizativa Positiva: La Ley de Vibración también se manifiesta en la cultura organizativa. Las empresas que promueven una vibración positiva atraen y retienen a empleados talentosos y comprometidos. Una cultura basada en la confianza, el respeto y la colaboración resuena con los empleados, lo que a su vez se traduce en un servicio al cliente más positivo y en relaciones empresariales sólidas.

Innovación y Creatividad: La vibración positiva y energética en una empresa es un caldo de cultivo para la innovación y la creatividad. Los equipos que trabajan en un ambiente de alta vibración se sienten inspirados y motivados para generar nuevas ideas y encontrar soluciones creativas a los desafíos empresariales.

Actitud Emprendedora: La actitud emprendedora de un individuo, incluyendo su nivel de confianza y su disposición para asumir riesgos, está estrechamente relacionada con su vibración energética. Un emprendedor que irradia confianza y positividad atraerá oportunidades y asociaciones positivas, lo que contribuirá al crecimiento y éxito de su empresa.

En resumen, la Ley de Vibración del Kybalion nos recuerda que la energía y la vibración son fundamentales en el mundo empresarial. Los emprendedores que comprenden y aplican esta ley pueden elevar la vibración de sus empresas, creando un ambiente propicio para el crecimiento, la innovación y el éxito a largo plazo. Al mantener una vibración positiva en todos los aspectos del negocio, desde las interacciones internas hasta las relaciones con los clientes, las empresas pueden florecer en un nivel más profundo y significativo.

4. Polaridad: La importancia del equilibrio en los negocios, cómo reconocer y gestionar las polaridades dentro de una empresa para mantener un flujo armonioso.

La Ley de Polaridad del Kybalion establece que "*todo es dual; todo tiene polos; todo tiene su par de opuestos; semejante y desemejante son lo mismo; los opuestos son idénticos en naturaleza, pero diferentes en grado; los extremos se tocan; todas las verdades son medias verdades, todas las paradojas pueden reconciliarse*". En el contexto empresarial, esta ley ofrece enseñanzas profundas y prácticas:

Reconociendo las Dualidades del Emprendimiento: En el mundo empresarial, las dualidades son inevitables. Hay éxito y fracaso, crecimiento y declive, oportunidades y desafíos. Los emprendedores sabios comprenden que estas dualidades son inherentes al proceso empresarial y que la clave radica en encontrar un equilibrio dinámico. Aceptar que el éxito y el fracaso son dos caras de la misma moneda permite a los empresarios gestionar mejor las fluctuaciones en su viaje emprendedor.

Transformando Desafíos en Oportunidades: La Ley de Polaridad enseña que los opuestos son idénticos en naturaleza, pero diferentes en grado. Los desafíos empresariales pueden ser vistos como oportunidades disfrazadas. Por ejemplo, una crisis económica puede ser vista como un obstáculo, pero también como una oportunidad para innovar y diversificar. Los emprendedores pueden aprovechar esta ley para transformar situaciones aparentemente negativas en experiencias de aprendizaje y crecimiento.

Equilibrio entre Vida Personal y Profesional: La polaridad se manifiesta también en la vida del emprendedor, donde se debe equilibrar la dedicación al trabajo con la atención a la vida personal y familiar. Un enfoque excesivo en el trabajo puede llevar al agotamiento y al descuido de las relaciones personales, mientras que un exceso de atención a la vida personal puede afectar negativamente la productividad empresarial. Encontrar el equilibrio adecuado es esencial para el bienestar tanto personal como empresarial.

Comprender las Emociones y Relaciones: Las relaciones interpersonales también están sujetas a la Ley de Polaridad. Las emociones humanas oscilan entre positivas y negativas. Los empresarios que comprenden esta ley pueden manejar conflictos y tensiones en el equipo, sabiendo que las relaciones humanas pueden ser transformadas de negativas a positivas con el enfoque y la comprensión adecuados.

Integrar Diferentes Perspectivas: Las mejores decisiones empresariales a menudo surgen de la integración de diferentes puntos de vista y enfoques. La polaridad se manifiesta en las diversas opiniones y enfoques dentro de un equipo. Los emprendedores inteligentes pueden reconciliar estas diferencias y encontrar soluciones que integren los opuestos de manera armoniosa, aprovechando la fuerza de la diversidad en el proceso de toma de decisiones.

Desarrollar Resiliencia Empresarial: La resiliencia es fundamental en el mundo empresarial. Los emprendedores que entienden la Ley de Polaridad desarrollan una mayor resiliencia al aceptar y adaptarse a los cambios. Al entender que las situaciones adversas son temporales y que pueden transformarse en oportunidades, los empresarios pueden mantener una mentalidad positiva incluso en tiempos difíciles.

En resumen, la Ley de Polaridad del Kybalion ofrece valiosas lecciones para los emprendedores. Al abrazar las dualidades y aprender a equilibrar los opuestos, los empresarios pueden tomar decisiones más sabias, gestionar mejor los desafíos y mantener una perspectiva positiva y resiliente. Al aplicar estas enseñanzas, los emprendedores pueden crear negocios sólidos y sostenibles que prosperen incluso en entornos empresariales cambiantes y desafiantes.

5. Ritmo: Cómo reconocer los ciclos naturales en los negocios y adaptarse a ellos para aprovechar las oportunidades y superar los desafíos.

La Ley del Ritmo del Kybalion establece que "*todo fluye, dentro y fuera; todo tiene sus mareas; todo asciende y desciende; todo se mueve como un péndulo*". En el contexto empresarial, esta ley ofrece valiosas lecciones sobre la naturaleza cíclica de los negocios y cómo los emprendedores pueden adaptarse y prosperar en un mundo en constante cambio:

Entendiendo los Ciclos Empresariales:

La Ley del Ritmo nos recuerda que los negocios tienen ciclos naturales de auge y declive. Los emprendedores sabios reconocen estos ciclos y se preparan para los tiempos difíciles durante los buenos momentos. Entienden que los éxitos son temporales y que los desafíos también pasarán. Esta comprensión les permite mantener la calma y tomar decisiones informadas durante las fluctuaciones del mercado.

Adaptación a los Cambios del Mercado:

El mercado empresarial está en constante cambio. Las tendencias, las demandas del cliente y la tecnología evolucionan en ciclos. Los emprendedores exitosos son aquellos que pueden adaptarse al ritmo cambiante del mercado. Pueden identificar cuándo es el momento adecuado para lanzar un nuevo producto o servicio y cuándo es necesario retirar o reinventar un producto existente.

Aprovechando las Oportunidades:

El ritmo también implica oportunidades que vienen y van. Los emprendedores astutos pueden reconocer el momento adecuado para expandir su negocio, entrar en nuevos mercados o formar asociaciones estratégicas. Aprender a sincronizar las acciones empresariales con el ritmo del mercado puede llevar a oportunidades de crecimiento significativas.

Mantener la Persistencia y la Disciplina: La Ley del Ritmo también se relaciona con la persistencia. Los empresarios exitosos entienden que el éxito a menudo no llega de inmediato, sino después de un período de esfuerzo constante y dedicación. Mantener un ritmo constante de trabajo y disciplina, incluso cuando los resultados tardan en aparecer, es fundamental para alcanzar los objetivos empresariales a largo plazo.

Evitar Decisiones Impulsivas: El péndulo de la Ley del Ritmo implica que las cosas pueden cambiar en cualquier momento. Los emprendedores sabios evitan tomar decisiones impulsivas basadas en situaciones temporales. En lugar de reaccionar impulsivamente a las fluctuaciones del mercado, toman decisiones basadas en una comprensión profunda de las tendencias a largo plazo y de cómo se desarrollará el ritmo del mercado en el futuro.

Fomentar una Cultura de Adaptabilidad: Las empresas que prosperan son aquellas que pueden ajustar su ritmo interno para adaptarse al ritmo del mercado. Fomentar una cultura de adaptabilidad y flexibilidad dentro de la empresa permite a los empleados responder ágilmente a los cambios y mantenerse en sintonía con las necesidades cambiantes de los clientes.

En resumen, la Ley del Ritmo del Kybalion subraya la importancia de comprender y sincronizarse con los ciclos naturales del mercado y del mundo empresarial. Los emprendedores que comprenden esta ley pueden anticipar cambios, adaptarse con agilidad y tomar decisiones informadas, lo que les permite navegar por los altibajos del mundo empresarial con gracia y éxito duradero.

Enfoques Empresariales Holísticos

Gestión Consciente: Cómo practicar la gestión consciente puede mejorar la toma de decisiones y la relación con los empleados y clientes.

Estudio de Caso: Whole Foods Market - Enfoque en la Gestión Consciente

Antecedentes: Whole Foods Market es una cadena de supermercados enfocada en alimentos naturales y orgánicos. Han sido pioneros en la gestión consciente al incorporar prácticas sostenibles, equidad en el lugar de trabajo y un enfoque en la comunidad en su modelo de negocio.

Cómo Whole Foods Aplica la Gestión Consciente:

Productos Responsables: Whole Foods se compromete a vender productos que sean ecológicamente responsables y de alta calidad, apoyando a productores locales y sostenibles.

Cultura Organizativa: La empresa crea un ambiente de trabajo positivo y equitativo, ofreciendo salarios justos y beneficios para los empleados. Han implementado programas de bienestar y desarrollo personal para su personal.

Participación Comunitaria: Whole Foods se involucra activamente en las comunidades locales a través de programas de donaciones y voluntariado, apoyando organizaciones benéficas y proyectos de educación.

Consejos Prácticos para Emprendedores:

Claridad en los Valores: Define claramente los valores fundamentales de tu empresa y asegúrate de que estén alineados con la gestión consciente, incluyendo la sostenibilidad y la equidad.

1. **Transparencia y Honestidad:** Sé transparente sobre tus prácticas empresariales y comunica abiertamente tus esfuerzos conscientes a tus empleados y clientes.
2. **Involucración de los Empleados:** Involucra a tus empleados en la toma de decisiones y escucha sus ideas y preocupaciones. Fomenta una cultura de confianza y colaboración.
3. **Responsabilidad Social:** Contribuye activamente a tu comunidad local mediante donaciones, programas de voluntariado y otras iniciativas de responsabilidad social empresarial.
4. **Equilibrio Vida-Trabajo:** Fomenta un equilibrio saludable entre el trabajo y la vida personal para tus empleados. Considera ofrecer flexibilidad en los horarios y apoyo para el bienestar mental y físico.

Estudio de Caso: Patagonia - Integración de Valores Conscientes en la Empresa

Antecedentes: Patagonia, la famosa empresa de ropa y equipos para actividades al aire libre, es conocida por su compromiso con la responsabilidad ambiental y social. Han aplicado principios de gestión consciente en su modelo de negocio.

Cómo Patagonia Aplica la Gestión Consciente:

Sostenibilidad Ambiental: Patagonia utiliza materiales reciclados y prácticas de fabricación ecológicas para minimizar su impacto ambiental. También donan parte de sus ganancias para apoyar causas ambientales.

Bienestar de los Empleados: La empresa ofrece flexibilidad laboral, programas de bienestar y desarrollo personal para sus empleados, mostrando un fuerte compromiso con su bienestar y desarrollo.

Activismo Social: Patagonia utiliza su plataforma para crear conciencia sobre problemas sociales y ambientales. Han lanzado campañas y donado grandes sumas de dinero para apoyar diversas causas.

Consejos Prácticos para Emprendedores:

1. **Compromiso Genuino:** La gestión consciente debe ser un compromiso genuino, no solo una estrategia de marketing. Asegúrate de que tus acciones estén respaldadas por autenticidad y pasión.
2. **Innovación Responsable:** Investiga y adopta prácticas innovadoras y sostenibles en tu cadena de suministro, embalaje y operaciones diarias.
3. **Educación y Concientización:** Educa a tus empleados y clientes sobre tus esfuerzos conscientes. La conciencia y el entendimiento pueden fomentar el apoyo y la participación.
4. **Ciclo de Vida del Producto:** Considera el ciclo de vida completo de tus productos, desde la producción hasta el desecho. Diseña productos que sean duraderos y fomenta prácticas de reciclaje.
5. **Medición de Impacto:** Establece métricas para medir tu impacto en la comunidad y el medio ambiente. Estas métricas pueden ayudarte a mejorar y mostrar tu progreso con el tiempo.

Al estudiar estos casos de estudio y seguir los consejos prácticos, los emprendedores pueden aplicar la gestión consciente en sus negocios, creando no solo empresas rentables, sino también social y ambientalmente responsables.

Economía del Bien Común: Introducción al modelo económico que valora no solo el éxito financiero, sino también el bienestar social y ecológico.

Estudio de Caso: Trivium Packaging - Integración de la Economía del Bien Común

Antecedentes: Trivium Packaging es una empresa global de envases metálicos. Han adoptado principios de la Economía del Bien Común (EBC) en sus operaciones para crear un impacto positivo en la sociedad y el medio ambiente.

Cómo Trivium Packaging Aplica la Economía del Bien Común:

Transparencia y Responsabilidad: Trivium Packaging ha implementado medidas de transparencia en sus operaciones, permitiendo una mayor visibilidad en su cadena de suministro y prácticas de producción.

Sostenibilidad: La empresa se ha comprometido a reducir su huella de carbono y a utilizar materiales sostenibles en sus envases. También han implementado programas de reciclaje y reutilización.

Equidad y Solidaridad: Trivium Packaging mantiene prácticas laborales justas y ha implementado programas para apoyar a las comunidades locales en las regiones donde operan.

Consejos Prácticos para Emprendedores:

1. **Evaluación del Impacto:** Realiza una evaluación exhaustiva del impacto de tu empresa en la sociedad y el medio ambiente. Identifica áreas de mejora y establece metas claras y medibles.
2. **Participación de los Stakeholders:** Involucra a empleados, clientes y proveedores en el proceso de toma de decisiones. Escucha sus preocupaciones y perspectivas para crear una empresa más equitativa y solidaria.
3. **Valor No Financiero:** Considera el valor no financiero de tus acciones. Esto incluye el impacto social y medioambiental positivo que tu empresa puede generar. Mide y comunica estos valores de manera transparente.
4. **Colaboraciones:** Colabora con otras empresas y organizaciones que comparten los valores de la Economía del Bien Común. La colaboración puede amplificar el impacto positivo y crear sinergias beneficiosas.
5. **Educación y Conciencia:** Educa a tus empleados y clientes sobre la importancia de la Economía del Bien Común. La conciencia y la comprensión son fundamentales para crear un cambio significativo.

Estudio de Caso: Organic Valley - Colectivo de Agricultores Aplicando los Principios de la Economía del Bien Común

Antecedentes: Organic Valley es una cooperativa agrícola de agricultores orgánicos en Estados Unidos. Han adoptado los principios de la Economía del Bien Común para crear un modelo agrícola sostenible y equitativo.

Cómo Organic Valley Aplica la Economía del Bien Común:

Equidad y Solidaridad: Organic Valley opera como una cooperativa, lo que significa que los agricultores miembros tienen voz en las decisiones y comparten los beneficios equitativamente.

Sostenibilidad: La cooperativa se enfoca en prácticas agrícolas sostenibles, incluyendo agricultura orgánica, pastoreo rotativo y conservación del suelo.

Transparencia y Responsabilidad: Organic Valley es transparente sobre sus operaciones y prácticas agrícolas, permitiendo a los consumidores conocer de dónde provienen sus productos.

Consejos Prácticos para Emprendedores:

1. **Modelo Cooperativo:** Considera la posibilidad de establecer un modelo cooperativo en tu industria. La participación y la equidad son fundamentales en la Economía del Bien Común.
2. **Certificaciones y Prácticas Sostenibles:** Obtén certificaciones que respalden tus prácticas sostenibles. Asegúrate de que tus operaciones estén alineadas con estándares ecológicos y éticos.
3. **Educación del Consumidor:** Educa a tus clientes sobre la importancia de elegir productos y servicios que sigan principios éticos y sostenibles. La conciencia del consumidor puede impulsar el cambio en el mercado.
4. **Desarrollo de la Comunidad:** Contribuye al desarrollo de las comunidades locales donde operas. Apoya proyectos y programas que mejoren la calidad de vida y promuevan la equidad y la solidaridad.

Estos estudios de caso ilustran cómo las empresas pueden aplicar los principios de la Economía del Bien Común para crear modelos de negocio más equitativos, sostenibles y socialmente responsables.

Al adoptar estos principios y seguir los consejos prácticos, los emprendedores pueden contribuir a un cambio positivo en el mundo empresarial y la sociedad en general.

Emprendimiento Social: Cómo los emprendedores pueden abordar problemas sociales y ambientales mientras dirigen un negocio rentable.

Estudio de Caso: TOMS - Modelo One for One

Antecedentes: TOMS es una conocida marca de calzado y accesorios que ha adoptado un modelo de negocio de "One for One" (Uno por Uno). Por cada producto que venden, donan un producto o servicio a personas necesitadas, como zapatos, gafas o servicios médicos.

Cómo TOMS Aplica el Emprendimiento Social:

Donación Directa: Por cada par de zapatos vendidos, TOMS dona un par de zapatos a un niño necesitado. Han ampliado su modelo para incluir donaciones de gafas y apoyo a programas de cirugía ocular.

Impacto Medible: TOMS rastrea y publica el impacto de sus donaciones. Los clientes pueden ver el número exacto de productos donados y a qué comunidades han llegado.

Campañas de Concienciación: La empresa no solo dona productos, sino que también crea conciencia sobre los problemas que abordan, como la pobreza y la falta de acceso a la atención médica.

Consejos Prácticos para Emprendedores:

1. **Identifica una Necesidad Clave:** Encuentra una necesidad social importante que tu producto o servicio pueda abordar. Identifica una causa que resuene tanto contigo como con tus clientes.
2. **Modelo de Donación Transparente:** Asegúrate de que tu modelo de donación sea transparente y fácil de entender para los clientes. La transparencia aumenta la confianza del consumidor en tu marca.
3. **Impacto a Largo Plazo:** Considera el impacto a largo plazo de tus donaciones. Evalúa cómo tus contribuciones pueden generar un cambio sostenible en las comunidades necesitadas.

Estudio de Caso: Grameen Bank - Microfinanzas para el Empoderamiento

Antecedentes: Grameen Bank, fundado por Muhammad Yunus, es pionero en el campo de las microfinanzas. Proporcionan pequeños préstamos a personas de bajos ingresos, especialmente mujeres, para iniciar o expandir pequeños negocios.

Cómo Grameen Bank Aplica el Emprendimiento Social:

Acceso Financiero: Grameen Bank proporciona acceso a financiamiento para personas que no tendrían acceso a préstamos tradicionales. Esto les permite iniciar pequeños negocios y mejorar sus condiciones de vida.

Fomento del Empoderamiento de las Mujeres: La mayoría de los beneficiarios son mujeres. Grameen Bank reconoce el impacto transformador del empoderamiento económico de las mujeres en las comunidades.

Reducción de la Pobreza: Al proporcionar financiamiento a pequeños empresarios, Grameen Bank contribuye significativamente a la reducción de la pobreza en las áreas donde opera.

Consejos Prácticos para Emprendedores:

1. **Compromiso a Largo Plazo:** El empoderamiento a través de las microfinanzas lleva tiempo. Comprométete a largo plazo para ver resultados significativos.
2. **Apoyo Adicional:** Ofrece no solo financiamiento, sino también capacitación y apoyo a los emprendedores. El conocimiento empresarial y las habilidades son tan importantes como el dinero.
3. **Monitoreo del Impacto:** Realiza un seguimiento del impacto de tu programa. Evalúa cómo los préstamos han mejorado la vida de los beneficiarios y utiliza esta información para mejorar tus servicios.

Estos casos de estudio destacan cómo las empresas y emprendedores pueden aplicar el emprendimiento social para abordar problemas sociales y económicos, al tiempo que construyen negocios sostenibles y éticos. Los principios de transparencia, compromiso a largo plazo y medición del impacto son clave para el éxito en este campo.

Empresas B-Corp: Explicación de las Empresas B certificadas que equilibran el propósito social y ambiental con el éxito empresarial.

Estudio de Caso: Patagonia - Líder en Responsabilidad Corporativa

Antecedentes: Patagonia es una empresa de ropa y equipo para actividades al aire libre que ha sido una B Corporation desde 2012. La compañía es conocida por su fuerte compromiso con la sostenibilidad ambiental y la responsabilidad social.

Cómo Patagonia Aplica el Modelo B-Corp:

Sostenibilidad Ambiental: Patagonia ha adoptado prácticas sostenibles en toda su cadena de suministro. Utilizan materiales reciclados, reducen el desperdicio y son activistas en la lucha contra el cambio climático.

Participación Comunitaria: La empresa dona el 1% de sus ventas a organizaciones ambientales y está involucrada en numerosas iniciativas comunitarias y programas de conservación.

Responsabilidad del Producto: Patagonia promueve la durabilidad y la reparabilidad de sus productos para reducir el desperdicio y fomentar un enfoque consciente del consumidor.

Consejos Prácticos para Emprendedores:

1. **Innovación Sostenible:** Investiga y adopta prácticas sostenibles en tu cadena de suministro y operaciones. La innovación es clave para encontrar soluciones ambientales efectivas.
2. **Transparencia:** Sé transparente sobre tus prácticas empresariales y tus esfuerzos para mejorar el impacto social y ambiental. La transparencia construye confianza.
3. **Advocacy y Activismo:** Participa activamente en cuestiones sociales y ambientales. Los clientes valoran a las empresas que utilizan su influencia para hacer el bien en el mundo.

Estudio de Caso: Ben & Jerry's - Helados con un Propósito

Antecedentes: Ben & Jerry's es una famosa empresa de helados que ha sido parte del movimiento B Corporation desde 2012. Son conocidos por su enfoque en la justicia social y ambiental.

Cómo Ben & Jerry's Aplica el Modelo B-Corp:

Sostenibilidad y Comercio Justo: Utilizan ingredientes sostenibles y éticamente obtenidos. Han trabajado en programas para apoyar a los agricultores y sus comunidades.

Defensa Social: Ben & Jerry's ha estado involucrado en numerosas campañas de justicia social y es conocido por su defensa de los derechos civiles y la igualdad.

Gobernanza Participativa: La empresa practica una forma de gobernanza participativa que involucra a empleados y partes interesadas en las decisiones clave.

Consejos Prácticos para Emprendedores:

1. **Desarrolla una Misión Clara:** Define una misión que integre tanto los objetivos de negocio como los impactos sociales y ambientales. La misión debe ser el núcleo de tu empresa.
2. **Participación de los Empleados:** Involucra a tus empleados en las iniciativas sociales y ambientales. Las ideas creativas y el apoyo interno son esenciales para el éxito.
3. **Impacto Medible:** Establece métricas para medir tu impacto en la comunidad, el medio ambiente y otros aspectos sociales. La medición te permite evaluar tu progreso y mejorar continuamente.

Estos casos de estudio ilustran cómo las empresas B-Corp, como Patagonia y Ben & Jerry's, están utilizando sus modelos de negocio para crear un impacto positivo en el mundo mientras mantienen operaciones comerciales sólidas y éticas. Estos ejemplos demuestran que es posible tener éxito empresarial y ser social y ambientalmente responsables al mismo tiempo.

Conclusión

Recapitulación de los principios del emprendimiento holístico y cómo las leyes del Kybalion pueden guiar a los emprendedores hacia un enfoque más consciente y equilibrado en los negocios.

Invitación a los lectores para aplicar estos principios en sus propios emprendimientos y contribuir al cambio positivo en el mundo empresarial.

Es importante tener en cuenta que las enseñanzas del Kybalion son filosóficas y espirituales, y su aplicación en el mundo empresarial puede variar según la interpretación y la perspectiva individual. Sin embargo, hay emprendedores y líderes empresariales que han adoptado principios holísticos y espirituales en sus prácticas comerciales. A continuación, presentamos algunos ejemplos de emprendedores que han aplicado conceptos relacionados con las leyes del Kybalion en sus negocios:

1. **Ray Dalio (Bridgewater Associates):** Ray Dalio, fundador de Bridgewater Associates, uno de los fondos de cobertura más grandes del mundo, es conocido por aplicar principios filosóficos en su gestión empresarial.

En su libro "Principles", Dalio presenta una serie de principios que guían su toma de decisiones, incluyendo la idea de que todo está conectado y que los patrones recurrentes pueden ser identificados y utilizados para tomar decisiones empresariales más informadas.

2. **Arianna Huffington (The Huffington Post, Thrive Global):** Arianna Huffington, fundadora de The Huffington Post y Thrive Global, es una defensora del bienestar y la importancia del equilibrio entre el trabajo y la vida personal. Ha hablado sobre la importancia de la meditación y el sueño en el rendimiento empresarial, conceptos que se alinean con las enseñanzas holísticas relacionadas con la vibración y el equilibrio.

3. **Steve Jobs (Apple Inc.):** Aunque no hay evidencia directa de que Jobs haya estudiado las enseñanzas del Kybalion, su enfoque en la simplicidad y el diseño elegante en los productos de Apple refleja la idea hermética de que "como es arriba, es abajo". Jobs aplicó este principio al integrar la estética y la funcionalidad en los productos de Apple, creando una experiencia de usuario armoniosa.

4. **Richard Branson (Virgin Group):** Richard Branson, fundador del Virgin Group, ha hablado sobre la importancia de mantener un enfoque equilibrado en la vida y los negocios. Ha aplicado principios de resiliencia y adaptabilidad en su enfoque empresarial, lo que se relaciona con la Ley del Ritmo del Kybalion.

4. **Oprah Winfrey (Harpo Productions, OWN Network):** Oprah Winfrey ha hablado abiertamente sobre su práctica de la atención plena y la importancia de la intuición en la toma de decisiones. Estos conceptos se alinean con las enseñanzas del Kybalion relacionadas con la mente y la vibración.

Es importante tener en cuenta que estos ejemplos ilustran cómo algunos líderes empresariales han integrado principios filosóficos y espirituales en sus enfoques empresariales. La forma en que interpretan y aplican estas enseñanzas puede variar, y cada emprendedor puede tener su propia perspectiva única sobre cómo aplicar principios holísticos en el mundo de los negocios.

Estudio de Caso: Patagonia - Integración de Valores Holísticos en la Empresa

Antecedentes: Patagonia es una empresa de ropa y equipo para actividades al aire libre conocida por su enfoque ambiental y socialmente consciente. Han aplicado principios holísticos en su negocio para crear un impacto positivo en el mundo mientras tienen éxito comercialmente.

Cómo Patagonia Aplica Principios Holísticos:

1. **Sostenibilidad Ambiental:** Patagonia ha liderado la industria en sostenibilidad. Han utilizado materiales reciclados en sus productos y han abogado por prácticas de fabricación responsables.
2. **Responsabilidad Social:** La empresa dona el 1% de sus ventas a organizaciones de conservación ambiental y ha liderado campañas para proteger el medio ambiente y los espacios naturales.
3. **Cuidado de los Empleados:** Patagonia se preocupa por el bienestar de sus empleados, ofreciendo beneficios como tiempo libre para realizar actividades al aire libre y programas de bienestar mental.

Consejos Prácticos para Emprendedores:

1. **Define tus Valores:** Identifica los valores fundamentales de tu empresa. Estos valores deben guiar todas las decisiones y acciones empresariales.
2. **Integración en la Cultura Empresarial:** Asegúrate de que los valores holísticos se integren en la cultura de tu empresa. Esto incluye la forma en que tratas a tus empleados, clientes y el medio ambiente.
3. **Transparencia y Comunicación:** Sé transparente sobre tus prácticas y esfuerzos holísticos. Comunica estas iniciativas a tus clientes y empleados para construir confianza.
4. **Innovación Sostenible:** Investiga y adopta prácticas empresariales sostenibles e innovadoras. Esto puede incluir tecnologías verdes, prácticas de fabricación responsables y embalajes ecoamigables.
5. **Colaboración con la Comunidad:** Colabora con organizaciones locales y comunitarias para contribuir positivamente a la sociedad en la que operas. Esto puede incluir programas de educación, donaciones o actividades voluntarias.

Estudio de Caso: Ben & Jerry's - Compromiso Social y Responsabilidad Empresarial

Antecedentes: Ben & Jerry's es una famosa empresa de helados conocida por su compromiso social y político. Han integrado principios holísticos en su negocio desde el principio.

Cómo Ben & Jerry's Aplica Principios Holísticos:

1. **Comercio Justo:** La empresa se compromete a obtener ingredientes a través del comercio justo, asegurando que los agricultores reciban un salario justo por sus productos.

2. **Sostenibilidad Ambiental:** Ben & Jerry's ha implementado prácticas sostenibles en su cadena de suministro, incluyendo energía renovable y reducción de residuos.
3. **Activismo Social:** Han utilizado su plataforma para abogar por temas sociales importantes como el matrimonio igualitario y el cambio climático.

Consejos Prácticos para Emprendedores:

1. **Compromiso Auténtico:** Si vas a abogar por causas sociales, asegúrate de que el compromiso sea auténtico y se alinee con los valores de tu empresa.
2. **Participación de los Empleados:** Involucra a tus empleados en las iniciativas sociales y ambientales. Pueden sugerir ideas y contribuir activamente a los esfuerzos de la empresa.
3. **Medición y Transparencia:** Mide y divulga tu impacto. Usa métricas para evaluar tus esfuerzos sociales y ambientales y comparte estos resultados con tus partes interesadas.
4. **Campañas Creativas:** Desarrolla campañas creativas que involucren a los clientes. Esto puede incluir eventos, promociones especiales o programas de recaudación de fondos para organizaciones benéficas.
5. **Persistencia:** La responsabilidad social y ambiental no es solo una tendencia, es un compromiso a largo plazo. Mantén la persistencia en tus esfuerzos y sigue buscando maneras de mejorar y hacer un impacto positivo.

Al estudiar y aplicar estos casos de estudio y consejos prácticos, los emprendedores pueden encontrar inspiración y orientación para aplicar principios holísticos en sus propios negocios, contribuyendo así a un mundo empresarial más consciente y sostenible.

En este libro se ha analizado el estado actual del concepto Holístico: en qué consiste, cuáles son sus características, qué tipos de estudios de esta clase existen, cuál ha sido su evolución, qué ventajas tiene su uso en una organización empresarial, a qué retos se enfrenta un emprendedor ante un nuevo paradigma social y económico mundial. Y, sobre todo, en el nuevo paradigma social y económico ¿que está por llegar? Debido a las pandemias y la crisis económica y social que estamos viviendo, ¿sería una alternativa viable un sistema holístico para resolver este problema?

También se ha analizado su potencial de aplicación a los procesos empresariales involucrados en lo que se conoce como la Calidad Total. Para ello, se enfoca el concepto holístico como una visión global de 360 grados para el entendimiento y visión de todos los procesos implicados en una organización, dentro y fuera de ella. Asimismo, como emprendedores, ojalá apliquemos la holística a la excelencia y el compromiso ético en una organización. Los procesos de una organización no son unidireccionales, todo lo contrario, se analiza la Excelencia en la Gestión del Conocimiento de ida y vuelta, de que todo influye, desde dentro de la Organización, de qué visión tiene el emprendedor/fundador, y cómo afecta al entorno, y cómo el entorno afecta al emprendedor y a la organización que se ha creado.

Finalmente, ha sido objeto de este libro, una propuesta sobre las habilidades y misión que debería tener todo emprendedor en un entorno cambiante y global como el momento coyuntural que estamos viviendo, donde la tecnología y lo humano convive en desigualdad de condiciones, ya que todo se está tecnificando cada vez más, y todo puede tener una rápida repercusión en las partes interesadas de una Organización Empresarial con un compromiso social y por el bien común de la economía y la sociedad.

ACERCA DEL AUTOR

Este libro está escrito por un emprendedor con más de 25 años de experiencia, siempre he perseguido la independencia y mi mejor versión a través del emprendimiento. Es un camino elegido conscientemente, con sus altibajos y alegrías, es una elección de vida. Tengo 52 años y todavía pienso en nuevos proyectos, creo que hasta que me marche de este mundo. Espero que te inspire este libro como a mí me han inspirado otros. Gracias por ser partícipe de este camino de emprendimiento.
www.escueladelemprendedor.com

www.ingramcontent.com/pod-product-compliance
Lightning Source LLC
Chambersburg PA
CBHW071055260726

48661CB00006B/2287